Bretagne
La côte de Granite Rose

Martin Oliver

Copyright©2019 Oliver
Tous droits réservés
Code ISBN : 9781688002975
Marque éditorial : Independently published

SOMMAIRE

3

Introduction

Chapitre I
La côte de granite Rose

INTRODUCTION

Avec cet ouvrage Martin Oliver écrivain photographe souhaite vous faire partager son amour pour la côte de granite rose situé dans la Bretagne nord à Perros Guirec et Trégastel, lieux de magies et de splendeurs. Martin Oliver vous fera découvrir en photos une magnifique balade le long du littoral de Bretagne.

Chapitre I
La côte de granite rose

Bretagne La côte de Granite Rose

15

Bretagne La côte de Granite Rose

Bretagne La côte de Granite Rose

Bretagne La côte de Granite Rose

24

Bretagne La côte de Granite Rose

Bretagne La côte de Granite Rose

32

Bretagne La côte de Granite Rose

Bretagne La côte de Granite Rose

Bretagne La côte de Granite Rose

45

46

50

L' AUTEUR

Martin Oliver 45 ans, photographe et écrivain, vit à Paris depuis 11 ans.
Passionné de mythologies et de religions.

51

Du même auteur les livres :

Paris Guide Touristique en photos

www.ingramcontent.com/pod-product-compliance
Lightning Source LLC
Chambersburg PA
CBHW040236240726
48664CB00001B/160